D1703138

Gotha
in alten Ansichten

von Inge Bönsch und Lutz Werner

Europäische Bibliothek — ZALTBOMMEL/NIEDERLANDE

Zum Titelbild
Die fürstlich-Sächsische Residenz-Stadt Gotha 1690. Wilhelm Richter (aus Merian, Topographie Superioris Saxoniae Thuringiae) – älteste, bestimmt nach der Natur gezeichnete Gesamtansicht.

Bildnachweis:
Annemarie und Lutz Werner, Burbach, sämtliche Bilder, außer: Inge Bönsch, Gotha: 58, 59; Forschungs- und Landesbibliothek, Gotha: 3, 70, 80, 82; Gisela Pieper, Gotha: 52, 93; Ludwig Weber, Gotha: 7, 27b, 39, 40, 46; Dr. Ursula Zimmermann, Gotha: 94.

D ISBN 90 288 5773 7

© 1993 Europäische Bibliothek – Zaltbommel/Niederlande

Zweite Auflage, 1996: Neuauflage der ursprünglichen Ausgabe von 1993.

Nachdruck und Vervielfältigung jeglicher Art von Bild und Text nur mit schriftlicher Genehmigung des Verlegers.

EINLEITUNG

Mit einer Auswahl von Ansichtskarten zeigt dieser Band, wie Gotha zu 'Großvaters Zeiten' aussah. Erinnerungen werden wachgerufen an eine Stadt, die als eine der 'schönsten und freundlichsten Thüringens' galt, deren herrliche Bauten von gepflegten Parkanlagen und Gärten umgeben waren. Deshalb trug sie mit voller Berechtigung den Beinamen 'Gartenstadt'. Das wird beim Betrachten einiger heute nicht mehr existierender Gebäude und Anlagen besonders deutlich.

Die Texte zu diesen Bildern sollen als Gedächtnisstütze dienen. Sie erheben deshalb keinen Anspruch auf Vollständigkeit.

Da die Entwicklung einer Residenzstadt vom jeweiligen Herzog und somit symbolisch vom Schloß Friedenstein aus stark beeinflußt wurde, beginnt das Buch mit den Schloßanlagen und seinen Herrschern.

Zur Geschichte der Stadt

Villa Gotaha ist vermutlich aus einer altgermanischen Siedlung hervorgegangen. In einer Urkunde Karls des Großen wurde sie im Jahre 775 zum ersten Mal genannt. Man nimmt an, daß der Ursprung Gothas auf die Kultivierungsarbeiten Hersfelder Mönche zurückgeht. Die Stadt war dem Kloster zinspflichtig, und der Abt Gotthard von Hersfeld, dessen Bild sich noch heute im Wappen der Stadt befindet, wurde zu ihrem Schutzpatron.

Jahrhunderte später fiel Gotha an die Landgrafen von Thüringen, erhielt zwischen 1180 und 1189 Stadtrechte, wurde befestigt und diente den Landgrafen zeitweise als Residenz. Unter den sächsischen Kurfürsten Ernestinischer Linie war Gotha mit dem befestigten Schloß Grimmenstein neben Torgau die wichtigste Festung des Kurfürstentums.

Im 12./13. Jahrhundert erfolgte die innerstädtische Bebauung, die gitterartige Straßenführung. So wurde die Hützelsgasse bereits 1275 erwähnt. Auch kirchliche Bauten stammen aus dieser Zeit.

Da die Stadt unter Wassermangel litt, ließ Landgraf Balthasar 1369 durch Mönche Wasser der Leina in einem Kanal nach Gotha leiten. Das war eines der bedeutendsten Werke mittelalterlicher Ingenieurkunst. Trotz einfachster Nivellierungsinstrumente wurde durch geschicktes Ausnutzen des hügeligen Geländes in vielfachen Windungen der 30 km lange Kanal mit konstantem Gefälle gebaut.

Die Reformation fand in Gotha früh Eingang. 1521 predigte Luther in der Augustinerkirche, und der erste evangelische Superintendent Friedrich Myconius (1490-1546) reformierte das Kirchen- und Schulwesen der Stadt. Nach dem Schmalkaldischen Krieg kam Gotha in die Hand der Albertiner, und der neue Herr, Kurfürst Moritz, ließ den Grimmenstein zum Teil schleifen. Herzog Johann Friedrich der Mittlere stellte jedoch späterhin mit kaiserlicher Erlaubnis die Festungswerke wieder her. In seinem Bemühen, die verlorene Kurwürde zurück zu erlangen, nutzte er die 'Grumbachschen Händel'. Das führte dazu, daß der Kaiser die Acht über ihn verhängte und Gotha von kaiserlichen Truppen belagert wurde. 1567 ergab sich die Stadt, der Herzog wurde lebenslänglich gefangengesetzt und die mächtigen Festungsanlagen des Grimmensteins dem Erdboden gleichgemacht.

1640 kam es infolge der Ernestinischen Landesteilung zur Bildung des Herzogtums Sachsen-Gotha unter Herzog Ernst I., dem Frommen. Eine bedeutende Epoche begann für die Stadt, die nun zur Residenzstadt erhoben wurde. Der Herzog führte sie mit staatsmännischem Geschick und spartanischer Hofhaltung aus dem durch den Dreißigjährigen Krieg und die Stadtbrände verursachten wirtschaftlichen Tiefstand heraus. Er reformierte Staats- und Schulwesen, setzte die allgemeine Schulpflicht durch, verbesserte die medizinische Versorgung, das Gerichtswesen, und förderte Forstwirtschaft, den Feuerschutz und das Bauwesen. An der Stelle des zerstörten Grimmensteins ließ er 1643-1654 den größten deutschen Schloßbau seiner Zeit errichten und gab ihm den verpflichtenden Namen

'Friedenstein'. Neben Kirche, Verwaltungs- und Wohnräumen beherbergt Friedenstein seit seinem Bestehen Schätze der Kunst und Wissenschaft mit Weltgeltung.

Die Gothaer Bürger waren für ihren Gewerbefleiß von altersher bekannt. So kamen sie im Mittelalter durch den Waidanbau sowie durch Tuch- und Getreidehandel zu Wohlstand. Die verkehrsgünstige Lage an der Ost-West-Achse zwischen den Handelsplätzen Leipzig und Frankfurt am Main trug zur Förderung von Handwerk und Gewerbe bei und machte Gotha zu einem wirtschaftlichen Zentrum.

In der zweiten Hälfte des 18. Jahrhunderts waren es die Firmengründungen der Porzellanmanufaktur (1754), der Hauptwollmanufaktur (1756) und der Textilmanufaktur (1786), die einen erneuten wirtschaftlichen Aufschwung brachten. Diese Entwicklung führte auch dazu, daß sich die Stadt unter Herzog Ernst II. von Gotha-Altenburg (1746-1804) zu einem geistig-kulturellen Zentrum Thüringens entwickelte: Wissenschaft und Kunst spielten eine große Rolle; berühmte Gelehrte, Künstler und Pädagogen waren hier erfolgreich tätig. Verlage wurden gegründet, die Seeberg-Sternwarte gebaut und von führenden Astronomen geleitet, Conrad Ekhof (1720-1778) war künstlerischer Direktor des ersten 'stehenden Theaters' im Westturm des Schlosses, Georg Benda (1722-1795) und Louis Spohr (1784-1859) wirkten als Kapellmeister und Komponisten am Hof.

Mit dem Aussterben des Sachsen-Gotha-Altenburgischen Herzoghauses im Jahre 1825 fiel Gotha an das Haus Coburg und verlor an Bedeutung als Residenzstadt.

Sehr große Verdienste hatte Ernst Wilhelm Arnoldi (1778-1841) um Gotha, die er zur Stadt der Versicherungsbanken machte. Er war ungewöhnlich vielseitig, wirkte als Fabrikant, Pädagoge, Sozialreformer, Staatsmann, Versicherungsgründer, Nationalökonom, und war auch Patriot. Er förderte den wirtschaftlichen Aufschwung und ebnete den Weg für die Industrialisierung, die nach der Gründung des deutschen zweiten Kaiserreiches als Bundesstaat im Jahre 1871 begann. In Gotha entwickelten sich bedeutende Betriebe des Maschinenbaus, der Metallwaren- und Gummiindustrie und die Eisenbahnreparaturwerkstatt. Diese Tatsache und der große Aufschwung der Eisengießerei Briegleb, Hansen & Co. mit ihrer Turbinenherstellung, sowie die Inbetriebnahme des Elektrizitätswerkes 1894 veränderten das Leben der Menschen und das Bild der Stadt.

Für die Arbeiter mußten im südlichen und östlichen Stadtteil Wohnungen gebaut werden, während zur gleichen Zeit eine Erschließung der Westvorstadt notwendig wurde. Die Bebauung der Bahnhofstraße mit den Bankgebäuden und Gartenanlagen erfolgte, die Post und neue Schulen entstanden, um nur einiges zu nennen.

So war Gotha am Anfang des 20. Jahrhunderts nicht mehr die ehemals kleine Residenzstadt. Am 1. Dezember 1905 wurden 37 000 Einwohner gezählt. Davon waren 700 katholischer Konfession, 300 mosaischen Glaubens, der übrige Teil war evangelisch.

Die Geschichte der Stadt war jedoch nicht nur von erfolgreichen Epochen geprägt. Die zahlreichen Landesteilungen, Stadtbrände, Kriege und bewaffneten Auseinandersetzungen wirkten sich negativ auf die politische, ökonomische und kulturelle Entwicklung aus, hinterließen ihre Spuren bei der Bevölkerung.

Das Rad der Geschichte war nicht stehengeblieben. Die Monarchie hatte sich überlebt, und im November 1918 mußte der letzte Herzog Carl Eduard abdanken. Die Republik wurde ausgerufen, das Land Thüringen gegründet.

Inge Bönsch

1. Dieser reizvolle Blick vom Arnolditurm auf die Residenzstadt Gotha bis hin zum Seeberg wurde 1927 vom Maler Joachim Hellgrewe in Öl auf Leinwand festgehalten. Beim Anblick des Bildes wird einem klar, warum Gotha einst den Namen 'Gartenstadt' erhielt.

2. Herzog Ernst I., der Fromme, dem nach der ernestinischen Landesteilung das Herzogtum Sachsen-Gotha zufiel, machte Gotha, die Residenzstadt des neuen Herzogtums, mit seinem staatsmännischen Geschick zur zweitgrößten sowie politisch bedeutsamsten Stadt Thüringens und setzte Maßstäbe in Verwaltung, Kirche, Schule und Gesundheitswesen.

In den Jahren 1643 bis 1654 ließ der Herzog Schloß Friedenstein unter der Leitung des Baumeisters Rudolphi errichten. Der frühbarocke Kolossalbau beherbergt seit seinem Bestehen Schätze der Kunst und Wissenschaft. Die älteste wissenschaftliche Einrichtung ist die Forschungs- und Landesbibliothek.

3. Die Regierungszeit Herzog Ernst II. von Coburg-Gotha (1844-1893) fiel in eine Epoche bedeutender politischer Ereignisse, in der das Volk fürstenfeindlich eingestellt war. Der Herzog verstand es jedoch, sich den geschichtlichen Notwendigkeiten anzupassen und mit Klugheit zu regieren. Er führte Reformen durch und war ein Förderer des deutschen Einheitsgedankens. Seine Interessen waren vielseitig. Er widmete sich vorrangig der Kunst, war Musiker und Dichter. Große Popularität beim Volk erwarb er sich als Förderer des Theaters, verschiedener volkstümlicher Vereine und vor allem als Gründer des Schützenbundes.

4. Die hier genannte Verfassung – eine der fortschrittlichsten in Deutschland – war von 1852 bis 1918 im Herzogtum gültig und zeichnete sich durch ein liberales Versammlungsrecht aus. So wurde Gotha zum bevorzugten Tagungsort vieler Vereine mit unterschiedlichen Zielsetzungen.

5. Herzog Alfred von Sachsen-Coburg-Gotha heiratete 1874 die Großfürstin Maria Alexandrowna von Rußland. Am 23. Januar 1899 feierten sie ihre Silberhochzeit. Es war ein Jahr vor dem Tod des Herzogs.

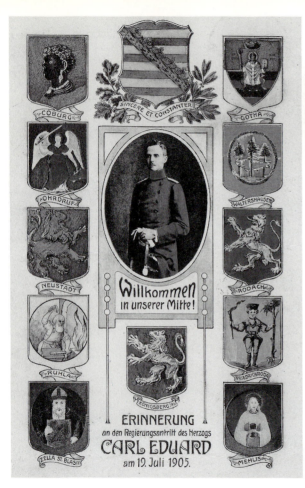

6. Nach dem plötzlichen Tod von Herzog Alfred im Jahre 1900 wurde sein Neffe, Carl Eduard, der noch unmündige Prinz von England, als Herzog von Sachsen-Coburg-Gotha – vorerst bis 1905 unter Vormundschaft – eingesetzt.

Als Herzog Carl Eduard 1905 mit seiner Gattin Victoria Adelheid, Prinzessin zu Schleswig-Holstein-Sonderburg-Glücksburg, Einzug in Gotha hielt, war die Stadt festlich geschmückt.

7. Diese Karte zeigt den Herzog Carl Eduard mit seiner Familie. Die Tochter Sibylle wurde später Königin von Schweden.

8. Den Gothaer Park ließ Erbprinz Ernst von Gotha-Altenburg 1768/69 durch den Engländer Haverfield im englischen Stil anlegen. Der Obergärtner Chr. H. Wehmeyer von Molsdorf setzte dies fort. Da die herzogliche Familie ungestört bleiben wollte und auch die Meinung vertrat, daß der Bürger keine Zeit zum Spazierengehen habe, blieb der 'Park des Herzogs' geschlossen. Erst Jahre danach wurde er für einen bevorzugten Kreis an bestimmten Tagen, und seit Ende des 19. Jahrhunderts für jedermann an allen Tagen, zugänglich.

9. Neben seltenen in- und ausländischen Bäumen ist der nierenförmige Parkteich ein schöner Schmuck. In der Mitte liegt eine Insel, auf der sich die Grabstätten verschiedener fürstlicher Personen befinden. Nach eigenem Wunsch ließ sich Ernst II. 1804 ohne Sarg, in ein Tuch gehüllt und ohne Grabstein, in dem Rasenbette beisetzen. Nur ein Baum sollte die Stätte bezeichnen. Das letzte Begräbnis eines in Gotha verstorbenen englischen Prinzen von Teck fand 1910 auf der Insel statt. Nur von dieser Ruhestätte sind noch Reste vorhanden. Die auf der Insel befindliche Sphinx ist ein Werk des Bildhauers Friedrich Wilhelm Döll.

10. Diese Weimutskiefer – nach der nordamerikanischen Stadt Weymouth benannt – steht in der südöstlichen Ecke des Parks. Die Gothaer nennen sie wegen ihrer Form 'Lyra-Kiefer'. Der in Amerika häufig zu findende Baum kam durch die familiären Beziehungen zwischen dem Herzogshaus Gotha und dem englischen Königshaus aus dem Park von Kew bei London in den ehemaligen 'Garten des Herzogs'.

11. Zwischen dem großen und dem kleinen Parkteich liegt am Leinakanal ein dorisches Tempelchen, das 1780 nach einem Entwurf des Wörlitzer Baumeisters Friedrich Wilhelm von Erdmannsdorff nach griechischem Vorbild errichtet wurde. Es soll unter anderem der herzoglichen Familie als Umkleide- und Badehäuschen gedient haben. Die hohen geriffelten Säulen sind jede aus einem einzigen Steinblock gehauen worden. Leider wurde der Tempel im Zweiten Weltkrieg beschädigt.

12. An der Stelle der Lebensbanksiedlung zwischen Jägerstraße, Park und Parkallee stand bis in die dreißiger Jahre des 20. Jahrhunderts ein zum 'fürstlichen Vorwerk' gehörender Wirtschaftshof, der später den Namen 'Prellerscher Hof' trug. Er war wegen der ländlichen Einfachheit der Gebäude des öfteren ein willkommenes Motiv für Maler.

13. Von 1864 bis 1879 wurde das Museum in der Parkallee auf dem Gelände des ehemaligen Herzoglichen Küchengartens nach Plänen des Wiener Architekten Franz Neumann d. Ä. sowohl aus Elbsandstein als auch aus Sandstein vom Seeberg erbaut. Dieses Gebäude im Neorenaissancestil war für die umfangreichen Schätze an Kunst- und Naturgegenständen des Herzoglichen Hauses bestimmt. Jetzt befindet sich in diesen Räumen das 'Museum der Natur' mit der verbliebenen umfangreichen geologischen Sammlung, Vögeln, Insekten, Säugetieren sowie vielen interessanten Sonderausstellungen.

14. Im Westturm des Schlosses Friedenstein befindet sich eines der größten und bedeutendsten Geschichtsmuseen Thüringens, das 'Museum für Regionalgeschichte und Volkskunde'. Der 'Verein für Gothaische Geschichte und Altertumsforschung' unter Leitung des Arztes Prof. Dr. Florschütz hat es gegründet. Im April 1928 fand die Eröffnung statt, und in zwölf Vitrinen wurden die ersten Sammlungen der Öffentlichkeit vorgestellt. Inzwischen ist der Bestand an historischen Sachzeugen zur Geschichte und Volkskunde stark angewachsen. Zum Heimatmuseum gehörig befinden sich ebenfalls im Schloßturm das 'Kartographische Museum' und das Ekhof-Theater, ein Kleinod deutscher Theaterkunst. Zu den ständigen Ausstellungen des Museums kommen jährlich fünf bis sechs Sonderausstellungen.

15. In der Parkanlage zwischen Schloß und Orangerie steht das 'Teeschlößchen'. Herzog Ernst II. von Gotha-Altenburg hat es 1786 für seine Gemahlin Charlotte im 'Garten der Herzogin' in Form einer neugotischen Kapelle bauen lassen. Hier widmete sie sich in beschaulicher Einsamkeit dem Studium der Musik und der schönen Künste. Ab Ende des 19. Jahrhunderts bis 1914 diente es der Englischen Kirche, nach dem Ersten Weltkrieg wurde es unter anderem städtische Kindergartenschule und später Kindergarten. Unterhalb des Gebäudes steht ein Findling als Denkmal für den verdienstvollen Geographen und Kartographen August Petermann.

16. Die Anlage dieses gärtnerischen Kunstwerkes sowie der Bau von Orangen- und Treibhäusern in der hier dargestellten Form geht auf die Mitte des 18. Jahrhunderts zurück. Friedrich der III. hatte die Orangerie nach französischem Vorbild ausbauen lassen. Sie stellte die Verbindung zwischen Schloß Friedrichsthal, dem Sommerschloß seines Vaters, und dem Friedenstein dar. Im Zweiten Weltkrieg wurden Gebäude der Orangerie beschädigt und zerstört. Heute werden die Häuser auf der nördlichen Seite als Bibliothek genutzt.

17. Ein buntes, fröhliches Leben spielte sich hier in der Orangerie zu Beginn des 20. Jahrhunderts ab. Das Promenadenkonzert (siehe Kapelle im Bildhintergrund) war ein Anziehungspunkt für Jung und Alt.

18. Nachdem die älteste Münzprägestätte Gothas – wahrscheinlich in der Salzengasse – im Jahre 1545 abgebrannt war, errichtete man diesen Bau am Siebleber Wall. Hier wurden, bis zum Bau der 'Neuen Münze' 1830 in der Lindenauallee, neben der Münzprägung auch Kugeln gegossen. Das imposante Gebäude, nun 'Alte Münze' genannt, dessen malerischen Anblick wir hier von der Parkseite erleben, hat im Laufe der Jahre umfangreiche bauliche Veränderungen durchgemacht und die Besitzer öfter gewechselt. Hier lebten unter anderen der Kanzler von Studnitz, der Philologe Friedrich Jacobs, der Geheime Rat von Trützschler mit seiner Frau, einer geborenen von Wangenheim.

19. Die Waschgasse von der Siebleber Straße führt zum Schloß Friedenstein. Früher sollen auf den großen Treppenabsätzen Waschtröge gestanden haben, in denen mit Leinawasser gewaschen wurde. Fest steht, daß die Gasse nach dem Herzoglichen Waschhaus benannt wurde.

20. In der Friedrich-Jacobs-Straße oberhalb der Waschgasse befand sich bis zur Zerstörung durch eine Luftmine im November 1944 das Herzogin-Marie-Institut. 1837 wurde es von Alix Humbert als Privatschule mit Pensionat für 'Töchter gebildeter Stände' gegründet und bestand bis 1912. Danach wurde es als Wohnhaus genutzt. An diesem Haus befand sich eine Gedenktafel in Marmor für den Philologen, Schriftsteller und Bibliotheksleiter Friedrich Jacobs (1764-1847), der einst in diesem Haus wohnte.

21. Die Wasserkunst am Schloßberg ist ein Anziehungspunkt unserer Stadt. Sie erinnert an die Kaskadenfälle im Schloßpark Kassel-Wilhelmshöhe. Diese sollen auch dem Tiefbauingenieur Hugo Mairich Anregungen zu seinem Projekt der Neugestaltung des Schloßberges gegeben haben. So entstand nach Pflasterung des oberen Marktes und Abriß der alten Bergmühle eine Anlage, die das Wasser des Leinakanals nutzend, verschiedene 'Wasserkünste' gestaltet. 1895 wurde sie feierlich eingeweiht.

22. Von der Plattform des oberen Teils der Wasserkunst hat man einen weiten Blick über die Stadt bis zum Krahnberg. Um den großen Springbrunnen in der Mitte gruppierten sich einst als Wasserspeier die Bronzefiguren: Frosch, Schildkröte, Eidechse und Krebs. Leider wurden sie im Zweiten Weltkrieg für Rüstungszwecke eingeschmolzen.

23. Im unteren Becken der Wasserkunst entspringt eine herrliche Fontäne, die – wie die gesamte Anlage – durch ein Pumpwerk im Keller des Cranach-Hauses betrieben wird. An diesem Becken befindet sich eine Gedenktafel (der Bergmühle entnommen), die an den Bau des Leinakanals 1369 durch Landgraf Balthasar erinnert.

24. Das freistehende Rathaus aus der Mitte des 17. Jahrhunderts ist ein Schmuckstück des Gothaer Marktplatzes. Es war 1567-1574 ursprünglich als Kaufhaus – mit Läden an der Ostseite – errichtet worden. Nach dem großen Stadtbrand von 1665 wurde dieses unter Leitung des Baumeisters Andreas Rudolphi zum Rathaus in der jetzigen Gestalt umgebaut. Neben dem herrlichen Renaissanceportal trägt es Spuren romanischer und barocker Baukunst. Das Rathaus teilt den Markt in den kleineren nördlichen Teil – ehemals Jakobsplatz – und den südlichen, bei weitem größeren nach dem Schloß ansteigenden Teil, einst Holzmarkt genannt.

282. **Gotha.** Schellenbrunnen am Hauptmarkt.

25. Auf dem nördlichen Markt wurde wöchentlich Gemüsemarkt abgehalten. Das Marktrecht besitzt Gotha wahrscheinlich seit der ersten Hälfte des 12. Jahrhunderts, die ausgelegten Waren unterlagen der Marktzollpflicht. Der vermutlich 1723 vor den Häusern 'Zur goldenen Schelle' und 'Zur silbernen Schelle' gebaute Brunnen, der 'Schellenbrunnen', wurde von den Gemüsefrauen zum Frischhalten ihrer Ware genutzt.

Gotha   Unterer Hauptmarkt mit Ratskeller.

26. Dieses Haus am Eingang zur Marktstraße wurde 1715-1717 an Stelle des 1632 abgebrannten Rathauses gebaut und erhielt 1907 sein jetziges Gesicht. Die in der Nische des ersten Obergeschosses stehende Plastik des wohltätigen Gothaer Bürgers Augustin, der hungernden Kindern Brot verteilt, erinnert an die Hungersnöte im 15. Jahrhundert. Ernst Wilhelm Arnoldi gründete 1817 in diesem Haus den 'Verein der kaufmännischen Innungshalle' und 1818 die erste deutsche Handelsschule. Neben den verschiedenen städtischen Institutionen (s. Sparkasse), die hier im Laufe der Jahre einzogen, hat die Gläsersche Buchhandlung (Inhaber A. Schöler) besondere Bedeutung. Sie befindet sich unten links und ist mit seiner 300jährigen Geschichte eine der ältesten Verlagsbuchhandlungen Deutschlands.

27. Auf dem südlichen, reich mit Bäumen bepflanzten Teil des Marktes erzählt manches Haus durch reichen künstlerischen Schmuck von der Wohlhabenheit seiner Besitzer. Im Bildvordergrund eine schöne Gartenanlage mit dem Löwenbrunnen. Er trägt den Spruch: 'Sein reicher Überfluß dient Allen zum Genuß.' Die Figur des Löwen wurde nach dem Zweiten Weltkrieg auf den in der Mitte des Marktes stehenden Sockel des einstigen Gotthardbrunnens gesetzt. Der gußeiserne St. Gotthard war im Krieg eingeschmolzen worden.

St. Gotthard (961-1038), Abt des Klosters Hersfeld und später Bischof von Hildesheim, wurde Schutzpatron Gothas. Er war einer der hervorragendsten Vertreter der kirchlichen Reformbewegung, die von Bayern ausgehend, bald das Reich umspannte. Seit 1250 ist sein Bildnis in Siegel und Wappen Gothas enthalten. Auch mit diesem Denkmal ehrte ihn die Stadt.

28. Diese beiden Damen befanden sich auf dem Weg vom oberen Hauptmarkt durch die Schloßgasse zum Nonnenberg, auch Pfaffenberg genannt. Hier standen bis 1530 die Marienkirche und die Häuser der Domherren, die ein ausschweifendes Leben führten. Die an der Festungsmauer errichtete Schloßgasse – der schmalste Durchgang der Stadt – war für die Gothaer ein Altstadtidyll.

29. Am Haus Nr. 11 der Hützelsgasse befand sich vor dem Abriß eine Gedenktafel für Johann Ludwig Böhner, den Thüringer Mozart, wie ihn seine Verehrer nannten. Der hochbegabte Komponist, gefeierte Klavier- und Orgelvirtuose sowie Meister musikalischer Improvisation, hat die letzten Lebensjahre bis zu seinem Tode 1860 in diesem Haus verbracht. Auf dem Bild von 1910 sehen wir den späteren Besitzer Schuhmachermeister Uhlig mit seinen Kindern vor dem Geschäft.

30. Diese Karte zeigt einen Blick vom Hauptmarkt Richtung Jüdenstraße um die Jahrhundertwende. An der rechten Ecke war die Thienemannsche Hofbuch- und Kunsthandlung. Der Besitzer Ernst Friedrich Thienemann hat sie 1857 vom Sohn des Verlegers Rudolf Zacharias Becker gekauft. Die 'Thienemannsche' führte neben einem reichhaltigen literarischen Angebot auch feinsten russischen Tee in einer Zweigabteilung. 1893 ging die Buchhandlung in den Besitz von Victor Schroeder und seinen Söhnen, später an Eberhard Meyer über. Heute finden wir in diesem Geschäft einen Kunstgewerbeladen. Links gegenüber befand sich das Geschäft von Alwin Thomas, der vorwiegend Spielwaren anbot.

31. Vom Klosterplatz blicken wir in die Jüdenstraße zu Beginn des 20. Jahrhunderts. Ein Judenbad, das 1899 dort ausgegraben wurde und die Tatsache, daß nur hier Juden wohnen durften, gaben der Straße den Namen. Geschäfte und Handwerksbetriebe siedelten sich vorrangig an. So sieht man links vorn im Bild das Modegeschäft Möller und rechts den Zigarrenladen von Melle & Schneider. In der Mitte und am anderen Ende der Straße befanden sich unter anderen Schuhmacher, Sattler, eine Konditorei und Geschäfte mit Farben, Uhren und Back- und Fleischwaren.

32. 'Bratpfanne' bezeichnete der Gothaer Volksmund eine enge kleine Sackgasse, die von der Augustinerstraße abzweigte. Zu Beginn des Jahrhunderts wurden die vier dort stehenden kleinen baufälligen Häuser für fünf Mark zum Verkauf auf Abbruch angeboten. Diese Baulücke ist dann später nach dem Abbruch geschlossen worden.

33. Die Kurrende, ein Knabenchor, der gegen Gaben vor den Häusern geistliche Lieder sang, steht hier am unteren Hauptmarkt vor dem Geburtshaus von Ernst Wilhelm Arnoldi (1778-1841). Eine Gedenktafel befindet sich an dem Haus, das früher 'Zur güldenen Quelle' hieß. Um die Jahrhundertwende wurden hier von J. Braun Mützen und Pelzwaren sowie von Marianne Jung Moden verkauft.

34. Der 'Brühl', ein Begriff für 'sumpfige Niederung', trug früher den Namen 'beim Hospital hinab'. Durch diesen Straßenzug ging in alter Zeit die Thüringer Landstraße von Eisenach nach Erfurt. Bemerkenswerte alte Häuser sind in ihr noch vorhanden, die zum Teil Reste der Stadtbefestigung vom 16. und 17. Jahrhundert in ihren Höfen aufweisen. Das Hospital Maria Magdalena wurde 1223 vom Landgrafen Ludwig IV. bzw. seiner Gemahlin, der Heiligen Elisabeth, gestiftet. Eine Bürgerin Hildegardis stellte ihr Haus zur Verfügung. Nach einem durchgreifenden Umbau unter Einbeziehung älterer Bausubstanzen erhielt das Hospital 1716-1719 die jetzige Gestalt mit der barocken Fassade. Die Hospitalkirche im Innenhof nutzt heute die Gemeinschaft der Siebenten-Tags-Adventisten.

35. Das wahrscheinlich älteste Gebäude Gothas Brühl 7 (im Bild 'Restaurant Schütze') erhielt seinen Namen 'Zum Königssaal' nach einer Relieftafel mit dem Urteil des Königs Salomo, die sich über dem Portal befand und sichergestellt wurde. Die Häuserfront im Renaissancestil aus einem vortretenden und einem zurücktretenden Teil ist ein Werk von hohem künstlerischem Wert, besonders der bildhauerische Schmuck am Portal und dem unteren Teil des Erkers. Das links danebenstehende Renaissancewohnhaus, an der Ecke Fritzelsgasse, die spätere Drogerie Hennig, soll um 1550 erbaut worden sein und ist mit dem Königssaal zur Rekonstruktion vorgesehen.

GOTHA. SCHÜTZENBERG. N. 29 Oktober 1909.

36. Diese Karte von 1909 bietet einen Blick auf den Schützenberg, genannt nach dem Schießplatz der Gothaer Schützengesellschaft, der sich an der Stelle des späteren Gasthofs 'Zum Schützen' befand. Links im Vordergrund steht der Gasthof 'Zum Löwen'. Er wurde 1855 vom 'Verein Arbeitsanstalt für Bedürftige' erworben, 1858 gliederte man eine Herberge 'Zur Heimat' daran, um wandernden Handwerksgesellen eine vernünftige Unterkunft bieten zu können. Nach diesem Gasthof, der 1969 abgerissen wurde und dessen Grundstück heute als Parkplatz genutzt wird, erhielt der Löwenplatz seinen Namen (jetzt Suttnerplatz). Interessant ist der 'Kandelaber' in der Mitte des Platzes, er war Ausgangspunkt für die Kilometerzählung der Landstraßen. Rechts befanden sich die Gebäude der Fabrik von Theodor Krause, die unter anderem Metallspielwaren, besonders Zinnsoldaten, herstellte.

37. Diese Ansicht vom Löwenplatz mit 'Café Brühl' im Vordergrund zeigt am Verlauf der Schienen, daß ursprünglich die Straßenbahnlinie vom Westviertel durch den Brühl, die Gegenrichtung über die Gartenstraße führte. 1968/69 wurde die Straßenbahn aus der zum Fußgängerbereich erklärten Innenstadt herausgenommen.

38. Das Hotel 'Zum Schützen' gehörte Jahrzehnte zu den renommiertesten Gasthöfen der Stadt. Bis 1920 war er im Besitz von Guido Dünkel, von 1920 bis 1927 war Max Bernack der Besitzer und ab 1927 bis 1938 Arthur Zacher mit seiner Frau Else. Den Namen erhielt der 'Schützen', weil sich ein Schießplatz der Gothaer Schützengesellschaft an seiner Stelle befand. Viele Vereine trafen sich hier zu ihren Übungsstunden oder zur Geselligkeit, unter anderem die Liedertafel, die Stenographen, Handwerkerinnungen, die Loge 'Gustav Freytag' und die 'Schlaraffia'. Große Räume für Veranstaltungen und Tagungen, Fremdenzimmer (ab 1.75 M.), ein Kaffeegarten – all das stand den Gästen zur Verfügung. Auf der Bühne im großen Saal fanden die verschiedensten Aufführungen statt.

39. Diese Gothaer Bauschüler, genannt T.V. Bauhütte, feierten oft im 'Schützen'. Bei diesem Kommers wurden die Inhaber des Hotels, das Ehepaar Zacher, zu Biervater und Biermutter gekürt.

40. 'Schlaraffia', ein Bund Gleichgesinnter, die sich 1859 in Prag das Wort gaben, treu und fest zusammenzuhalten. Die Pflege der Kunst und des Humors, die innige Freundschaft und Bruderliebe schrieben sie auf ihr Banner, den Uhu wählten sie als Vogel der Weisheit zu ihrem Symbol. Die Nazis haben diesen Bund treuer Männerfreundschaft – wie auch die Loge – verboten. Auf dieser Karte ist der Versammlungsraum der Gothaer Schlaraffen, die Gotenburg, im Hotel 'Zum Schützen' zu sehen.

41. In der Marktstraße 11 – ehemals Kleine Erfurter Gasse – stand an der Stelle dieses Kaufhauses das älteste Haus der Straße, 'Zum Kranich' genannt. Es gehörte unter anderen dem Hofjuwelier Gutjahr und dem Färbermeister Piesbergen. 1893 eröffnete Otto Böhm ein Lebensmittelgeschäft darin, ließ 1907 den alten Bau entfernen und ein neues, seinen Erfordernissen entsprechendes Geschäftshaus errichten. Die auffällige Fassade aus Seebergsandstein zeigt Darstellungen, die symbolisch zu dem Kolonialwarenladen Bezug hatten.

Der Kolonialwarenhändler Otto Böhm eröffnete 1903 diese Weinschänke in der Gartenstraße 28 (Bild oben). In der gediegenen Einrichtung findet man noch heute Atmosphäre.

42. Das Sparkassengebäude wurde 1906 in der Lutherstraße eröffnet. Seit der Gründung im Jahre 1830 war die Sparkasse mehrmals umgezogen (Rathaus, Innungshalle, Gartenstraße). Jetzt hatte sie endlich ihren eigenen Stammsitz. An ihrer reich geschmückten Jugendstilfassade aus Sandstein befindet sich im Giebelfeld ein Bienenkorb mit umherfliegenden Bienen als Symbol für Fleiß und Sparsamkeit. Neben der Sparkasse sieht man die Seilerei Ehrenberg, im Bildhintergrund die 'Villa Gelbke'.

43. Dieses Haus in der Gartenstraße war den Gothaern als 'Villa Gelbke' bekannt. Es wurde 1870 vom Gothaer Architekten Ludwig Bohnstedt für den Kanzleirat O. Gelbke erbaut. Nach dem Tode des Besitzers wechselte es oft seine Funktion. Heute befindet sich in dem Gebäude, dessen Fassade (italienische Renaissance) durch Rekonstruktionsarbeiten bedauerlicherweise zerstört wurde, die Raiffeisenbank.

44. Die Synagoge der jüdischen Gemeinde Gothas wurde nach dem Entwurf des Architekten Richard Klepzig im morgenländischen Stil mit patinierten Kuppeln erbaut und trug auf der Spitze einen Davidstern. Zur feierlichen Eröffnung am 11. Mai 1904 ahnte keiner der hochrangigen Gäste, welch Schicksal die Synagoge nehmen würde. Den Nazis war sie ein Dorn im Auge. Das jüdische Gotteshaus wurde in der Reichskristallnacht vom 9. zum 10. November 1938 von SA-Abteilungen angezündet und brannte bis auf die Grundmauern nieder. 1939 entfernte man die Reste der Ruine.

45. Catharine Christiana Theresia Gayer (1819-1896) wurde in Gotha geboren und lebte hier – nach dem Tode der Eltern – mit zwei Schwestern in völliger Zurückgezogenheit. In ihrem Testament vermachte sie der Stadt Gotha 330 000 Mark 'zur Einrichtung einer Renten- und Altenheim-Stiftung für alleinstehende bedürftige Frauen und Jungfrauen Gothas'. So entstand im Jahre 1899 dieses Gebäude in der Schützenallee 10. Das Haus Nr. 12 daneben gehörte dem Ziegeleibesitzer Kommerzienrat Friedrichs.

46. Ein Blick in die Pfortenwallgasse bietet sich hier. Sie liegt zwischen Lutherstraße und Pfortenstraße, die ursprünglich zur 'Pforte', den kleinen Stadtmauerdurchgang zwischen Erfurter und Brühler Tor, führte. Am östlichen Ende der Pfortenwallgasse stand von 1713 bis 1882 die Garnisonsschule, in der 25 Soldatenkinder kostenlos Unterricht erhielten.

47. Der Gothaer Wurst- und Fleischwarenhandel war weit über die Stadtgrenzen zum Begriff geworden. So gab es 1900 bereits sechzig Fleischergeschäfte in Gotha, die ihre Ware vorwiegend exportierten. Der ehemalige Schlachthof – ein Backsteinbau – an der Ecke Parkstraße und Uelleber Straße fällt durch seine Fassade im neogotischen Stil sofort ins Auge. Er wurde nach Entwürfen vom Hofbaurat Conrad Schaller errichtet und im Jahre 1891 seiner Bestimmung übergeben. Im Volkswitz nannte man das Gebäude 'Schweinekloster'.

48. Dieser monumentale Bau des Stadtbades in der Bohnstedtstraße – damalige Werderstraße – mit der dekorativen Natursteinfassade im Jugendstil und den pavillonartigen Eckbauten wurde vom Architekten Goette entworfen. 1908 fand die feierliche Eröffnung statt. Neben der Schwimmhalle befinden sich unter anderem Sauna, Brauseräume und Wannenbäder in dem Gebäude. Vorerst gab es – wegen der Moral – noch getrennte Badezeiten für Männer und Frauen.

49. Dieses Schwimmfest fand vor dem Ersten Weltkrieg im 'Alberts-Bad' an der Leinastraße statt. Das 1865 gebaute Bad wurde 1913 vom Schwimmverein (1906 gegründet) für 21 000 Mark gekauft und 1935 nach dem verdienstvollen ersten Vorsitzenden Professor Paul Sauerbrei benannt. Jung und Alt erlernten hier das Schwimmen.

50. Mit Anwachsen der Bevölkerung in der zweiten Hälfte des vorigen Jahrhunderts mußten weitere Schulen gebaut werden. So entstand unter anderem 1881 die Gotthardschule. Sie beherbergte auch bis zum Umzug in den Neubau an der Eisenacher Straße die Arnoldischule. Diese ehrt mit ihrem Namen noch heute Ernst Wilhelm Arnoldi, den Förderer des Realschulwesens.

Residenzstadt Gotha — Städtische Real- u. Handelsschule

51. Die Räume der Gotthardschule genügten den Anforderungen an eine Realschulbildung nicht mehr. Deshalb wurde für die dort untergebrachten Arnoldischüler dieses neue Schulhaus an der Eisenacher Straße gebaut. Schuldirektor Rohrbach und der Architekt Goette hatten zahlreiche Schulen besichtigt, damit sie für den Neubau die zweckmäßigste Lösung fanden. So entstand dieses Gebäude im Jugendstil mit Fachkabinetten, Fachsammlungen, Festsaal und Schulsternwarte. 1911 zogen sowohl die Arnoldischüler aus der Gotthardschule als auch die von Arnoldi gegründete Handelsschule aus der Innungshalle in die neue Unterrichtsstätte.

52. Diese kleinen Mädchen gehörten im Jahre 1928 zur 1. Klasse der Lutherschule. In der hinteren Reihe steht zwischen den Müttern die Lehrerin Fräulein Koch (vierte von rechts).

53. Die Schülerzahl des 1779 im Waisenhaus (Erfurter Straße) gegründeten Seminars für die Lehrerausbildung war erheblich gestiegen. Nach mehreren Umzügen wurde ein neues, größeres Schulgebäude notwendig. Herzog Ernst II. von Coburg-Gotha ließ es 1888 durch den Architekten Baurat C. Griebel in der Reinhardsbrunner Straße errichten. Die in die Klinkersteinfassade eingearbeiteten ehrfurchteinflößenden Gesichter verkörpern die Autorität. Die Schule erhielt den Namen Herzog-Ernst-Seminar, bestand als Lehrerseminar bis 1921 und wurde danach bis 1945 als 'Deutsche Aufbauschule' geführt. Während des Zweiten Weltkrieges diente die Schule als Lazarett. Heute ist diese Einrichtung eine Staatliche Regelschule.

54. Die Herzogliche Baugewerbe- und Handwerkerschule ist die älteste Bildungseinrichtung Deutschlands dieser Art. Sie befand sich bis zum Beginn des 20. Jahrhunderts in den Räumen des ehemaligen Augustinerklosters und erhielt 1910/11 ein neues Gebäude am heutigen Trützschlerplatz. Baurat Alfred Cramer war sein Architekt. Unter dem Namen 'Bauschule' ist sie seit Jahrzehnten als Ausbildungsstätte für junge Bauingenieure bekannt und wird von Fachleuten geschätzt. In ihr unterrichteten Lehrkräfte, die sich als Architekten einen Namen gemacht haben (Krusewitz, Griebel, Carus).

55. Mit der Eröffnung der Straßenbahnlinie am 12. Mai 1894 in Gotha gehörte diese Stadt zu den ersten, die eine 'Elektrische', wie sie gern genannt wurde, besaßen. Hatte ein Fahrgast den Wunsch, an einer Stelle aus- oder einzusteigen, die außerhalb der vorgeschriebenen Haltestelle lag, so wurde er selbstverständlich erfüllt. Diesen Service gab es bei einem Fahrpreis von 10 Pfg. (Kinder zahlten 5 Pfg.). 1911 wurde die Linie vom Arnoldiplatz zum Friedhof und 1928 vom Hersdorfplatz zum Ostbahnhof eröffnet. Die Bahn auf dem Foto hielt an der Waltershäuser Straße, Ecke Cosmarstraße.

56. Mit dem Wachstum der Bevölkerung in Gotha und der sich entwickelnden Industrie in der zweiten Hälfte des vorigen Jahrhunderts wurde die Erweiterung des Wohnungsbaus erforderlich. Neben Arbeiterwohnungen im Ost- und Südviertel der Stadt, bauten sich die Wohlhabenden mehrstöckige Häuser mit Stilelementen der Neorenaissance und des Neobarocks am westlichen Stadtrand. Hier ein Blick auf die Villen der oberen Kaiserstraße (heutige 18.-März-Straße).

57. In diesem Häuserkomplex Dorotheenstraße 23-29 befand sich das Dorotheenbad, eine Klinik für 'Nerven- und orthopädische Kranke', wie für Nachbehandlungen Verletzter. Diese Anstalt mit etwa achtzig Betten war Anfang des Jahrhunderts weit über die Grenzen des Landes bekannt, und viele Fremde kamen nach Gotha zur Behandlung. Zu ihr gehörte auch ein Luftbad, versehen mit Turngeräten, an der westlichen Stadtgrenze im 'Weißen Brunnen'. Das Dorotheenbad diente später errichteten Anstalten als Vorbild.

58. Dies ist das Geschäft des Kolonialwarenhändlers Walter Ernst, das er gemeinsam mit seiner Frau in der Waltershäuser Straße führte. Es war bekannt durch sein reichhaltiges Angebot, das er täglich auf einer Tafel vor dem Geschäft den Vorübergehenden sichtbar machte. Dem Geschäft gegenüber befand sich die 'Ritterklause' und eine Bäckerei, an der anderen Ecke die Gaststätte 'Zur Wartburg'.

59. Auf diesem Bild mit kaffeetrinkenden Kunden sieht man, daß es damals schon Werbeveranstaltungen gab. Der Geschäftsinhaber warb mit den Worten: 'Die kluge Hausfrau kauft im Kolonialwarengeschäft Walter Ernst.'

60. Als der Neumarkt im 15. Jahrhundert errichtet wurde, stand bereits die Kirche, die später häufig umgebaut wurde. Herzog Ernst der Fromme und seine Gemahlin ruhen neben anderen Persönlichkeiten in ihren Grüften. Der Turm der Margarethenkirche ist 60 m hoch. In einer Höhe von 40 m befindet sich die hier sichtbare Plattform, auf der der letzte Gothaer Türmer, Schuhmachermeister und Topfhändler Ernst Häferer, jede Viertelstunde nach Feuer Ausschau hielt. Er lebte dort oben in einem kleinen Turmzimmer mit seiner Frau und fünf Kindern. Alles Lebensnotwendige für die Familie mußte 206 Stufen hochgeschleppt, Abfälle und anderes heruntergetragen werden. Und das bei einer Entlohnung von nur 80 Pfennig täglich. Ohne Pension, von seinen Kindern gepflegt, lebte er noch bis 1924.

61. Auf dieser Karte vom Neumarkt um die Jahrhundertwende sehen wir rechts das Hotel 'Zum Propheten' und daneben links die Gerberei und Lederwarenhandlung Arnoldt. Die zwei Häuser mit den Nr. 1-3 an der linken Ecke wurden 1913 abgerissen. In ihnen befand sich auch eine Restauration der Arnoldischen Bierbrauerei.

62. Diese Aufnahme zeigt das Gerlachsche Wohn- und Geschäftshaus, das 1913 nach Entwürfen des Architekten Alfred Cramer an der Stelle der abgerissenen Häuser Nr. 1-3 gebaut wurde. Der Inhaber Karl Gerlach führte hier seine Messerschleiferei weiter und erweiterte später das Angebot um Haushaltwaren, Glas, Keramik und anderes. Das Geschäft, von zwei Söhnen fortgeführt, war viele Jahre hindurch eine beliebte Einkaufsstätte und ist den älteren Gothaern in angenehmer Erinnerung. Vielleicht erinnern sich auch einige an die Werbung des Hauses 'Bestecke an der Neumarktsecke'.

63. Die ehemaligen Brunnen wurden meist zur Verschönerung mit allegorischen Standbildern versehen. So auch der einst auf dem Neumarkt errichtete. In seiner Mitte stand ursprünglich die Göttin Fortuna mit Füllhorn als Symbol des Glücks. Sie kündete von der bürgerlichen Wohlhabenheit der Barockzeit. An den abgekanteten Ecken des Sockels deuten noch heute Delphine auf das Element des Wassers. Bei einem Bombenangriff wurde die Fortuna zerstört, und die Stadt ließ stattdessen die Göttin der Kunst und des Handels, Minerva, auf den Brunnen setzen, der sich jetzt auf dem Myconiusplatz befindet.

64. 'Konditorei und Kaffeehaus Otto Leidel' (1900 eröffnet) befand sich in der Erfurter Straße 12-14. Der Konditormeister war Hoflieferant und hatte Baumkuchen und Gothaer Kränze als Spezialität im Angebot. Deshalb und vor allem wegen der täglichen Konzerte wurde das Café sehr gern besucht. Im 17. Jahrhundert befand sich in diesem Haus die älteste Gothaer Druckerei von Andreas Reyher.

65. Das 'Neudeutsche Erholungsheim' in der Schwabhäuser Straße 24 (später als 'Brauhof' bekannt) fiel etwas aus dem Rahmen der übrigen Gaststätten. Unter dem Motto 'hier erleben Sie Heiterkeit ohne Alkohol' wurde – angeregt von dem bekannten Lehrer und Heimatforscher Karl Kohlstock – ein Treffpunkt geschaffen, der sich der gesunden Lebensweise verschrieb. 'Anstelle von "geistigen" finden Sie umso gesündere Getränke, und an Geist und Frohsinn fehlt es trotzdem nicht.' So die Werbung des Hauses, das als geeigneter Treffpunkt für 'Wandervögel' galt. Fremdenzimmer gab es schon für eine Mark, ein warmes Essen bereits für 60 Pfennige.

Gast- u. Speisehaus
Neudeutsches Erholungsheim Gotha,
Schwabhäuserstr. 24.
Nähe des Theater. — Alkoholfreie Getränke. — Inh. Ernst Hornaff.

66. Dieses 1857 als Ernst Muncksche Pianofabrik gegründete Gebäude in der Oststraße wurde als Steck Hofpianoforte Fabrik weitergeführt und zählte zu den größten und ältesten dieser Branche. Das Gebäude wurde seit der Übernahme zweimal vergrößert und diente in den letzten Jahrzehnten als Druckhaus.

67. Dieses mehrfach umgebaute Gebäude aus dem 17. Jahrhundert an der früheren Landstraße nach Erfurt gelegen, zählte zu den beliebtesten Gasthöfen Gothas außerhalb der Stadtbefestigung. Es wurde 1907 von der Gothaer Arbeiterbewegung erworben und galt als Gewerkschaftshaus, Versammlungslokal und geselliger Treffpunkt. Von dieser Zeit an heißt es 'Volkshaus zum Mohren'. Das Wahrzeichen der Mohr, ist in dem mit Rokokodekoration geschmückten Dreiecksgiebel an der Vorderfront des Hauses zu sehen. In dem Gasthof logierten neben vielen anderen Persönlichkeiten auch Goethe und Napoleon.

68. Vom Arnoldiplatz blicken wir in Richtung Erfurter Straße, die einst als Verbindungsstraße nach Erfurt, am ehemaligen Erfurter Tor liegend, eine wichtige Rolle spielte. So befanden sich in ihr zahlreiche Geschäfte, Kaufhäuser und Gaststätten. Links steht das Kaufhaus von Heinrich Feldmann mit einem reichhaltigen Angebot an Herren- und Damenkonfektion. Es wurde Ende vorigen Jahrhunderts vom Architekten Julius Krusewitz ausgebaut. 1912 ließ der Besitzer seinem Geschäft schräg gegenüber noch zusätzlich ein großes modernes Kaufhaus errichten (jetzt Kaufhaus Horten).

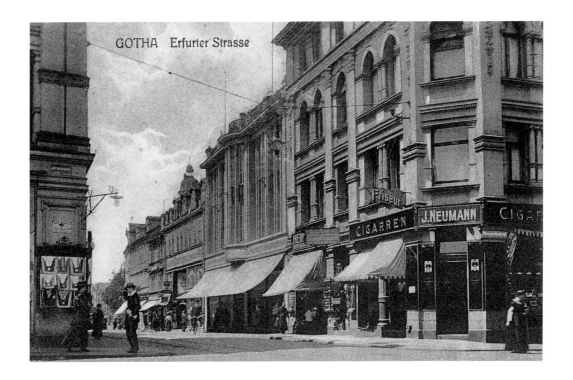

69. Rechts an der Ecke Erfurter Straße/Margarethenstraße steht das Haus Nr. 19. Es wurde Ende des vorigen Jahrhunderts gebaut und gehörte dem Bäckermeister Bonsack. Direkt in der Hausecke hatte der Tabakwarenhändler Neumann sein Geschäft, der Eingang zum Friseur Ludwig war in der Margarethenstraße. Links von der Bäckerei war das Reisebüro von Feldmann. Das danebenstehende einstige Geschäfts- und Wohnhaus Nr. 17 – 'Zum Schlendorn' genannt – ließ der Kommerzienrat Feldmann 1912 zu einem modernen Kaufhaus umbauen (jetzt Kaufhaus 'Horten'). Mit seiner skeletartigen Fassade, den großen Schaufenstern und dem zurückgelegten Eingang stellte es etwas völlig Neues zwischen den Nachbarbauten dar.

70. Ernst Wilhelm Arnoldi (1778-1841), dem Menschenfreund und Patrioten, haben die Gothaer Bürger viel zu verdanken. Seine Verdienste um das Gemeinwohl sind so vielgestaltig, daß man sie in diesem Zusammenhang nicht vollständig aufzählen kann. Die vielen von ihm ins Leben gerufenen industriellen und gemeinnützigen Unternehmen brachten einen bedeutenden wirtschaftlichen Aufschwung für die Stadt. Und die Gründung der beiden größten privaten Versicherungsanstälten Deutschlands auf Gegenseitigkeit, der Gothaer Feuerversicherungsbank (1820/21) und der Gothaer Lebensversicherungsbank (1827) sowie der ersten deutschen Handelsschule (1818) trugen den Namen Gothas weit über die Stadtgrenze hinaus. Seinem Handeln lag der Leitspruch zugrunde: 'Lebe für andere, so lebst du für dich!'

71. Der Arnoldiplatz – früher Erfurter Platz – um die Jahrhundertwende zeigt im Mittelpunkt das 1843 eingeweihte Denkmal für einen der 'Sieben Weisen' unserer Stadt, für Ernst Wilhelm Arnoldi. Es wurde vom Bildhauer Leopold Döll errichtet, in den sechziger Jahren jedoch bei der Umgestaltung des Arnoldiplatzes bedauerlicherweise beseitigt und 1991 durch ein neues ersetzt. Nur das in Marmor ausgeführte Reliefportrait dieses Wohltäters unserer Stadt blieb erhalten und wurde im Berggarten aufgestellt. Das kleine Gebäude im Hintergrund wird im Volksmund 'katholischer Bahnhof' genannt. Es war Wartehaus für die Fahrgäste der Straßenbahn, die in früheren Zeiten hier eine Haltestelle hatte, und Bedürfnisanstalt. Das Gebäude links daneben in der ehemaligen Auguststraße 2 gehörte dem Rechtsanwalt Dr. Bretzfeld.

72. Als der Theatersaal des Schlosses sich als zu klein erwies, schuf der Architekt Gustav Eberhard am Karolinenplatz das 'Hoftheater' im römisch-dorischen Stil. Obgleich ihm Entwürfe des bekannten Architekten Karl Friedrich Schinkel vorlagen, richtete er sich vorwiegend nach seinen eigenen. Die Eröffnung fand 1840 mit einer Oper Meyerbeers statt, und in den Folgejahren wurden die besten Künstler Deutschlands für die Gothaer Bühne verpflichtet. Bedeutende Premieren fanden statt, und Franz Liszt gehörte zu ihren ständigen Besuchern. Unter dem Einfluß von Herzog Ernst II. von Coburg-Gotha, der selbst komponierte und Opern zur Aufführung brachte, stieg die Bühne mehr und mehr an Ansehen.

73. Diese Aufnahme zeigt einen Blick von der Bühne in den Zuschauerraum des Hoftheaters, der mit drei Rängen bis zu 1 200 Zuschauer auf Sitz- und Stehplätzen faßte. Es war für viele ein schreckliches Erlebnis, als das wunderschöne Gebäude in den letzten Kriegstagen, und zwar am 3. und 4. April 1945, durch die Explosion eines Munitionswagens in Brand geriet und schließlich ausbrannte. 1958 wurden die Gebäudereste gesprengt und abgetragen, was Empörung hervorrief. Heute steht an dieser Stelle Gothas erstes Hochhaus.

74. Auf der Rückseite dieser Karte steht folgender Text: 'Schloß-Hotel, Gotha, erbaut 1911 mit allem Komfort der Neuzeit, fließendes kaltes und warmes Wasser in jedem Zimmer' – werbende Worte, die nicht übertrieben waren. In diesem vornehmen Hotel – Zimmer gab es ab 3,50 Mark – pulsierte das gesellschaftliche Leben der gehobenen Klasse. Der Hochstapler Harry Domela stieg 1926 in diesem Haus ab und machte Schlagzeilen als falscher Prinz. Heute befinden sich in dem Gebäude, das oft um- und angebaut wurde und so das alte Antlitz verlor, Büroräume.

75. Post und Loge standen – wie auf dieser Karte von 1900 – am ehemaligen Karolinenplatz. Das 1889 im Neorenaissancestil erbaute Postgebäude ist bis auf die durch die Erdverkabelung überflüssig gewordenen Aufbauten für das Telegrafenamt in der alten Form erhalten geblieben. Im Gegensatz dazu existiert von dem 1881/82 im prächtigen historisch-maurischen Stil errichteten Gebäude der Freimaurerloge 'Ernst zum Kompaß' (im Volksmund 'Zwiebelburg' genannt) nichts mehr. Es wurde 1937 nach dem Verbot der Freimaurer abgerissen. An seine Stelle setzte man 1940 den schmucklosen Bau eines Filmtheaters (heute Kulturhaus).

76. Dieser Blick auf den Arnoldiplatz, Theater und Schloß stammt aus dem Jahre 1912 und zeigt rechts vom Theatergebäude das ehemalige Theatercafé, das auch am 3./4. April 1945 mit dem Theater abbrannte.

77. Dieser Blick in die Friedrichstraße zu Beginn unseres Jahrhunderts zeigt rechts die ehemalige Villa des Porzellanfabrikanten Julius Simson, im Volksmund 'Porzellanschlößchen' genannt. Der Bau entstand 1912 nach einem Entwurf des Architekten R. Klepzig und trägt Züge des späten Jugendstils. Nach dem Zweiten Weltkrieg war es 'Haus der jungen Pioniere'. Links an der Ecke steht das Haus von Hugo Wönne, das wegen der Fleischerei des Besitzers im Nebenhaus 'Grivenburg' genannt wurde.

78. Im Jahre 1901 wurde dieses Denkmal für den 'Eisernen Kanzler' (Gothas Ehrenbürger) Ecke Bahnhofstraße und Mozartstraße feierlich enthüllt. Der Schöpfer war der Dresdener Prof. J. Schilling, der Initiator Carl Fr. Grübel – Landtagsabgeordneter und Eisenwarenhändler. Im Zweiten Weltkrieg entfernte man die gußeiserne Statue, und von dem Denkmal steht heute nur noch der Sandsteinsockel.

79. Dieses Landeskriegerdenkmal befand sich auf dem Arnoldiplatz neben der Hauptpost. Es ehrte die Opfer des Infanterie-Regimentes Nr. 95 vom Deutsch-französischen Krieg 1870/71 und wurde 1874 enthüllt. An den vier Seiten war jeweils eine lorbeerbekränzte Bronzetafel mit den Namen der Gefallenen angebracht. Der Obelisk trug den Text: 'Den treuen Söhnen unseres Landes.' Das Denkmal wurde vom Architekten Ludwig Bohnstedt entworfen, dessen Sohn zum 95. Regiment gehörte und den Krieg überlebte. Während des Ersten Weltkrieges wurden zur Ausschmückung des Platzes zwei alte, erbeutete Festungsgeschütze danebengestellt.

80. Der Gothaer Verlag 'Justus Perthes' wurde in der Mitte des vorigen Jahrhunderts zu einem bedeutenden Zentrum der Geographie und Kartographie. Einen wesentlichen Anteil hatte August Petermann, den der Verleger von London nach Gotha holte, damit er die wissenschaftliche Leitung des Hauses übernahm. Von hier aus organisierte Petermann die Forschungsreisen in erster Linie nach Afrika sowie in die Polargebiete und publizierte ihre Ergebnisse.

81. Die Geographische Anstalt 'Justus Perthes' hatte seit ihrem Bestehen im Jahre 1785 so an Bedeutung und Arbeitsumfang zugenommen, daß sich Erweiterungsbauten notwendig machten. Bruno Eelbo, ein Schüler des berühmten Architekten Bohnstedt, wurde damit beauftragt, diese um die Jahrhundertwende (1898-1901) zu schaffen. Auch die neben dem Verlagsgebäude stehende Villa für Fräulein Elisabeth Perthes entstand um diese Zeit vom gleichen Architekten.

82. Hermann Haack wird mit gutem Grund als der 'Altmeister der Kartographie' bezeichnet. Nach erfolgreich abgeschlossenem Geographiestudium trat er 1897 in den Verlag 'Justus Perthes' ein und orientierte sich sogleich auf die Entwicklung eines neuen Schulwandkartenprogramms. Die 'Haack Karten' sowie die anderen von ihm geschaffenen pädagogisch wertvollen Anschauungsmaterialien wurden stets von den Lehrern im In- und Ausland hochgeschätzt. Wegen seiner großen Verdienste wurde er Ehrenbürger der Stadt, und der Gothaer Verlag erhielt 1955 seinen Namen.

GOTHA
Herzogl. Palais
Dr. Trenkler Co., Leipzig. 5872

83. Im Jahre 1776 wurde dieses Gebäude Ecke Schöne Allee/Mozartstraße für den Bruder Herzog Ernst II., Prinz August von Gotha-Altenburg, als Prinzenpalais gebaut. Nach dessen Tode bewohnten es später unter anderen Herzog Friedrich IV. und Herzog Ernst II. von Coburg-Gotha. Das Palais wurde häufig als Gästehaus genutzt. Neben anderen Persönlichkeiten kehrten zum Beispiel Goethe und Carl Maria von Weber hier ein. Das links danebenstehende Gebäude – durch einen kleinen Zwischenbau mit dem Palais verbunden – wurde Ende des 18. Jahrhunderts als Pagen- und Kavaliershaus gebaut. Heute ist es eine Jugendherberge.

Gotha. Bahnhofstrasse.

84. Wer Gotha zum ersten Mal betrat, war von der imposanten Breite der heutigen Bahnhof- und Friedrichstraße, von den rechts und links stehenden Monumentalbauten, den Bäumen und üppigen Vorgärten fasziniert. Straßen, wie man nur wenige in Deutschland fand. Hier befinden sich noch heute die architektonischen Prachtstücke jener Zeit. So das Stammhaus der Gothaer Lebensversicherung (früher Villa Albany genannt) in der Bahnhofstraße 4. Es wurde vom Architekten Gustav Eberhard mit einem Aufwand von 34 000 Talern erbaut und 1850 seiner Bestimmung übergeben. Nun konnte die in der Innungshalle untergebrachte Lebensversicherung, die 1827 von Ernst Wilhelm Arnoldi im eigenen Wohnhaus gegründet worden war, in das neue Gebäude einziehen.

85. Beim starken Anwachsen des Personals erwiesen sich die Räume der Lebensversicherungsbank in der heutigen Bahnhofstraße 4 als nicht mehr ausreichend. Ein der Bank gegenüberliegendes Grundstück wurde gekauft, und dank der hohen künstlerischen Begabung des Architekten Bruno Eelbo sowie des Bildhauers Adolf Lehnert entstand der mit bildnerischem Schmuck reich versehene Bau im Renaissancestil. Im November 1894 konnte das neue Verwaltungsgebäude in der Bahnhofstraße 3 bezogen werden. 1921-1923 erfolgte eine wesentliche Erweiterung.

86. Dieses Marmorrelief – Allegorie des menschlichen Lebens –, geschaffen vom Bildhauer Adolf Lehnert, kann man im Treppenhaus der Lebensversicherungsbank, Bahnhofstraße 3, bewundern.

Hotel Herzog Ernst, das bekannte preiswerte Familien-Reisehotel in Gotha am Haupt- u. Thüringer Wald-Bahnhof

87. Wer aus der Bahnhofshalle tritt, dessen Blick fällt seit Jahrzehnten auf das rechts gelegene Hotel 'Herzog Ernst'. Bis zum beginnenden Verfall war es ein viel und gern besuchtes Haus. Die Lage am Hauptbahnhof und der Endhaltestelle der Thüringer Waldbahn erwies sich als günstig. Der ehemalige Besitzer, Herr Louis Möller, hat es als preiswertes Familienhotel mit 'civilen' Preisen empfohlen.

88. Mit der Inbetriebnahme des Abschnitts Erfurt-Eisenach der Thüringischen Eisenbahn im Jahre 1847 war unsere Stadt an Bedeutung gewachsen. Das im gleichen Jahr errichtete Bahnhofsgebäude hat man zu Beginn des 20. Jahrhunderts mit dem auf dieser Karte befindlichen Vorbau nebst Freitreppe versehen und die Eingangshalle erweitert. Rechts im Bild sieht man den Westflügel, in dem das Bahnhofsrestaurant untergebracht war. Er wurde beim Bombenangriff am 6. Februar 1945 völlig zerstört. Auch das übrige Gebäude nahm starken Schaden.

Gotha Viaduct und Chausséehaus am Seeberg

89. Vor dem Bau einer Eisenbahnstrecke machte sich der Bau eines Viaduktes über das Tal des Wilden Grabens notwendig. So entstand zwischen 1844 und 1847 die hier abgebildete Bogenbrücke, die wegen des steigenden Verkehrsaufkommens mehrmals verändert und verbreitert wurde. Sie erhielt weniger, aber größer geschwungene Bögen. Da der Viadukt inzwischen baufällig geworden und auch nicht mehr sanierungsfähig war, mußte er 1992 durch eine neue Spannbetonbrücke ersetzt werden. Gotha verlor durch diese notwendige Maßnahme ein markantes Wahrzeichen, das einst zu den 'sieben Wundern' der Stadt zählte. Am Chausseehaus rechts im Bild war der letzte Schlagbaum vor der Stadt zur Einnahme von Straßengebühren. Es stand an der Ohrdrufer Straße.

90. Auf dem 1872 eröffneten Friedhof Nr. V wurde 1878 das Krematorium, die modernste Anlage in ganz Europa, eingerichtet. Bis 1891 war Gotha die einzige deutsche Stadt mit einer 'Feuerbestattung'.

91. Die hohe Zahl von Einäscherungen in Gotha und die Tatsache, daß die Urnen zur damaligen Zeit nicht in die Erde versenkt wurden, machten 1892 den Bau einer Urnenhalle notwendig. In diesem ästhetischen, mit U-förmigem Grundriß und Glasdach angelegtem Bau bekamen die Urnen auch einiger hier eingeäscherter Prominenter, unter anderen die 1914 verstorbene Friedensnobelpreisträgerin Bertha von Suttner, einen Ehrenplatz.

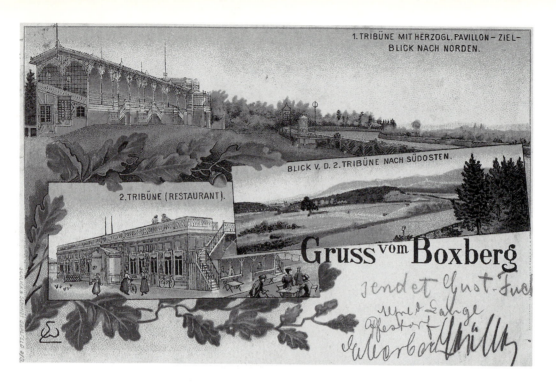

92. Ein bedeutender Anziehungspunkt für den Fremdenverkehr war der fünf Kilometer von Gotha entfernt liegende Boxberg, auf dem seit 1842 Pferderennen stattfanden. 1878/79 wurden vom Rennverein für Mitteldeutschland unter der Schirmherrschaft von Herzog Ernst II. die Rennbahnanlagen mit Tribüne errichtet, ein Pferdezuchtbetrieb entwickelte sich. Zur Bewirtung der Besucher des Boxbergs waren zwei Gaststätten in der landschaftlich schönen Gegend entstanden. Die eine befindet sich direkt an der Rennbahn und ist auch als Rennbahngaststätte bekannt, die andere liegt ca. 500 Meter entfernt in südwestlicher Richtung und trägt wegen der schönen Aussicht auf den westlichen Teil des Thüringer Waldes den Namen 'Thüringer Waldblick'.

93. Auf diesem Foto von der Jahrhundertwende sehen wir den Teil einer Freilandanlage, 'Aquarium' genannt. Sie wurde vom 1882 gegründeten Aquariumverein unter der Leitung seines Vorsitzenden, Schuldirektor Schäffer, mit Züchtungen von Wasserpflanzen und Wassertieren in verschiedenen Teichen angelegt. Promenadenwege mit Sitzplätzen und Lauben boten vielen Gothaern erholsame Stunden.

94. Im Südosten Gothas erstreckt sich der 6 km lange Kleine und Große Seeberg. Auf der Kuppe des Kleinen Seebergs ließ Herzog Ernst II. 1788-1791 eine Sternwarte errichten, die als eine der ersten Deutschlands Weltruf erlangte. Hier arbeiteten die verdienstvollen Astronomen von Zach, von Lindenau, F. Encke und P.A. Hansen, mit einer vorzüglichen instrumentalen Ausrüstung, von hier aus wurde 1803 die erste Gradmessung Deutschlands vorgenommen, hier fand auch der erste internationale Astronomenkongreß 1798 statt. Doch lange hat diese Sternwarte den rauhen Wettereinflüssen des kahlen Seebergs nicht standgehalten, und so wurde 1857-1859 eine neue in der geschützten Jägerstraße mit dem Material der alten wieder aufgebaut.

95. Nachdem 1901 der letzte Gebäudeflügel der Sternwarte auf dem Seeberg abgebrannt war, baute die Stadt an seine Stelle einige Jahre später eine Gaststätte im Burgstil und gab ihr den Namen 'Alte Sternwarte'. Sie wurde zum beliebten Ausflugsziel. Vor der Gaststätte befinden sich als Überreste der ehemaligen Sternwarte ein Meridianstein und Instrumentenpfeiler. An einen davon wurde 1904 eine Gedenktafel für Herzog Ernst II., dem Förderer der Sternkunde, angebracht. So entsprach man symbolisch seinem testamentarischen Wunsch, daß die alte Sternwarte das einzige Denkmal für ihn sein sollte.

96. In der neuen Sternwarte Jägerstraße 7 wurden die astronomischen Forschungen von 1859 bis 1934 betrieben. Sie steht auf dem Gelände der ehemaligen Hofschmiede und ist bis auf wenige bauliche Veränderungen im ursprünglichen Zustand erhalten geblieben.

Gotha-Siebleben. Schloß Mönchhof.

97. Der Mönchshof liegt am Rande des Mönchsparks, im östlichen Gothaer Vorort Siebleben. Er wurde als Klosterhof der Benediktinerabtei Reinhardsbrunn bereits 1147 erwähnt, und in der zweiten Hälfte des 18. Jahrhunderts ist das heutige schloßartige Gebäude errichtet worden. 1799 kam es in den Besitz des Hofes, diente als herzogliches Schloß, war Fasanerie und Stuterei. Seit dem 19. Jahrhundert wurde es bis zum beginnenden Zerfall auch als Wohnhaus genutzt. So haben zum Beispiel der Bergrat G. Jentzsch und der Maler L. Gurlitt einige Zeit im Mönchshof gewohnt.

98. Das Gelände des Berggartens war seit 1794 im Besitz der bekannten Gothaer Kaufmannsfamilie Arnoldi, die damit begonnen hatte, das völlig unbewaldete Gebiet aufzuforsten, eine grüne Oase, den 'Berggarten', zu schaffen. Damit seine Schönheiten auch der Bevölkerung zugänglich wurden, schenkte ihn die Familie Arnoldi 1872 der Stadt. Der Verschönerungsverein erhielt das Gelände zur Verwaltung, und die Kultivierung und Aufforstung wurden fortgesetzt. Der Berggarten mit seiner 1874 eröffneten Gaststätte zog viele Besucher an, denn neben musikalischen Darbietungen im Musikpavillon für die Erwachsenen fanden die Kinder auch ihren Spielplatz.

99. Der 25 m hohe Arnolditurm im neogotischen Stil war ein weithin sichtbares Wahrzeichen mit herrlichem Rundblick. Die Mutter Ernst Wilhelm Arnoldis ließ ihn 1829/30 an der westlichen Peripherie des Berggartens als Denkmal für ihren Gatten errichten und übergab ihn 1872 samt Gartenanlage der Stadt. Sie verknüpfte daran die Verpflichtung, den Turm bis auf spätere Geschlechter zu erhalten. Beschämend, daß dies nicht respektiert wurde und heute nur noch Teile der Fundamente zu finden sind.

Gruß aus Gotha Arnolditurm
(Neuaufnahme)

Gartenstadt Gotha — Lüderitzbrunnen am Berggarten.

100. Die Heilkräfte des Lüderitzbrunnens, auf den wir beim Abstieg vom Berggarten stoßen, sind sagenumwoben. So soll er unter anderem in früheren Zeiten einem von ihm trinkenden Kind die Sprache wiedergegeben und einen Schustermeister von seiner Krankheit geheilt haben. Besucher des Galbergs machten gern an ihm halt, tranken einen Schluck des vielgepriesenen Wassers und verweilten etwas auf der dort aufgestellten Bank.

101. Bei einem Besuch der Klinge stößt man auf einen achteckigen, offenen Pavillon, das 'Müller-Tempelchen', genannt. Es wurde der gemeinnützigen Tätigkeit Ernst Adolf Müllers anläßlich seines 70. Geburtstages 1902 gewidmet, der als Vorsitzender des Verschönerungsvereins viel für unsere Stadt, besonders für die Schöpfung der Galbergsanlagen, getan hat.

102. An der Eisenacher Straße auf der Trügleber Höhe befindet sich die Freundwarte, ein 1913/14 errichteter Aussichtsturm, der einen herrlichen Ausblick bietet. Deshalb war die Freundwarte, zu der auch eine Gaststätte gehörte, ein beliebtes Ausflugsziel. Der Weg führte die Besucher meist von Gotha aus über Berggarten und Krahnberg und von da rechtwinklig nach der Eisenacher Landstraße zur Freundwarte. Hier setzte auch 1913 der 'Turnverein 1860' eine Jahneiche. Den Namen erhielt dieses Ausflugsziel nach dem Stifter, Senator Ehrenfried Freund (1834-1903), der sich besonders um die Verschönerung von Gothas Umgebung bemühte.

103. Franks Tempel findet man bei einem Gang über den Berggarten auf dem Krahnberg. Er ist dem Senator Bernhard Frank (1841-1917) gewidmet und wurde anläßlich seines 70. Geburtstages 1911 eingeweiht. Auch er hatte einen großen Anteil an der Aufforstung des Krahnbergs. Der Tempelrundbau mit einem Durchmesser von fünf Metern bot einen herrlichen Blick bis in die Klinge. Jetzt ist er durch emporgewachsene Bäume versperrt.

Landeskrankenhaus Gotha, Hauptgebäude

104. Im Jahre 1878 wurde das Krankenhaus an der Erfurter Landstraße eröffnet, das bis 1902 im Eigentum der Stadt war. Danach erwarb es der Staat und baute es zum Landeskrankenhaus aus. Auch unbemittelte Kranke wurden dort mit Hilfe der Von-Frankenbergischen-Stiftung segenbringend behandelt und versorgt.

105. Am 9. Juli 1910 wurde an der Günthersleber Landstraße die Gothaer Luftschiffhalle eingeweiht. Sie war 154 m lang, 40 m breit und 30 m hoch. Sie gehörte damals – neben denen in Metz, Friedrichshafen und Köln – zu den größten. Die Halle war groß genug, um ein Zeppelinluftschiff oder zwei Parsevalballons bequem aufzunehmen. Infolge militärischer Nutzung während des Ersten Weltkrieges wurde die Halle auf Grund des Vertrages von Versailles abgebaut.

106. Gotha war gerüstet, die 'Schwaben' konnte kommen. Ein Telegramm, daß am 6. September 1911 in Gotha eintraf, besagte, daß das Luftschiff 6,07 Uhr in Baden-Baden-Oos unter Führung von Dr. Eckener zur Fahrt nach Gotha aufgestiegen sei. Die Bevölkerung war begeistert. Wer nur halbwegs Zeit hatte und laufen konnte, war auf den Beinen, um das stolze Werk des Grafen Zeppelin zu sehen.

107. Diese Karte zeigt eine Fliegeraufnahme aus dem Jahre 1934 der Gothaer Innenstadt mit dem Rathaus als Mittelpunkt. Links unten ist die Gartenstraße zu erkennen, in der Mitte unten der Brühl und rechts die Blumenbachstraße.

108. Gruß aus Gotha.
Gotha liegt an der Leina, 340 000 Mtr. vom Meere und hat 35 000 Einwohner; es könnten aber viel mehr sein. Wir haben hier eine Elektrische, ein Museum und eine Wasserkunst, die aber nur im Sommer geht. Bekannt ist Gotha durch mehrere große Bänke, viele sagen auch Banken, durch gute Servelatswurst und das Krämatorium, wo sich die Leute verbrennen lassen, aber erst wenn sie todt sind. Es gibt hier viele schöne Mädchen und zum Vogelschießen Rostbratwürste. Adjeh!